Gerhard Wehr

FRIEDRICH CHRISTOPH OETINGER

W0181901

8,–

Gerhard Wehr

FRIEDRICH CHRISTOPH OETINGER

Theosoph, Alchymist, Kabbalist

AURUM VERLAG
FREIBURG IM BREISGAU

FERMENTA COGNITIONIS
BAND 3

1978
ISBN 3 591 08068 3
© 1978 by Aurum Verlag GmbH & Co KG,
Freiburg im Breisgau.
Alle Rechte,
auch die des auszugsweisen Nachdrucks,
der fotomechanischen Wiedergabe und der
Übersetzung, vorbehalten.
Gesamtherstellung:
Landsberger Verlagsanstalt Martin Neumeyer,
Landsberg am Lech.
Printed in Germany.

ZUR VERGEGENWÄRTIGUNG

In einem Augenblick, in dem das Leben auf der Erde – nicht nur das der Menschen, sondern das des Organismus Erde als solches – in vielfältiger Weise bedroht ist, genügt es nicht, nur nach den Ursachen von Umweltkatastrophen, Giftmüllskandalen, nach atomarer Verseuchung oder nach der Versteppung weiter Landstriche zu fragen. Die beängstigenden Resultate eines Denkens, das in der kreatürlichen Welt nur ein Objekt des menschlichen Ausbeutungswillens und des Mißbrauchs erblickt, verlangen nach einer Neubesinnung auf das Wesen des Lebendigen und nach einer entsprechenden Ethik, etwa im Sinne von Albert Schweitzers »Ehrfurcht vor dem Leben«.

Dabei kann es nicht gleichgültig sein, welche Erkenntniswege in der Vergangenheit beschritten worden sind, um jenem Geheimnis näher zu kommen, das von Männern wie Jakob Böhme das »Mysterium magnum«, das große Geheimnis, genannt worden ist.

Und einer von denen, die dem Wink des Görlitzer Meisters gefolgt sind, einer, der nicht nur den Weg einer mystischen Verinnerlichung betreten hat, sondern in den Werdeprozessen der Natur das Walten des göttlichen Schöpfergeistes erfuhr, ist der Schwabe Friedrich Christoph Oetinger. Die Kirchengeschichtsschreibung ordnet diesen lutherischen Theologen des 18. Jahrhunderts der pietistischen Frömmigkeitsströmung zu, die durch Namen wie Philipp Jakob Spener, August Hermann Francke oder durch den Begründer der Herrenhuter Brüdergemeinde, den Grafen Nikolaus von Zinzendorf, geprägt ist. Zwar hat die schwäbische Ausformung des Pietismus gegenüber der norddeutschen ihr eigenes Gesicht, denkt man daran, daß kein anderer als Johann Valentin Andreae, der Verfasser der einflußreichen Rosenkreuzer-Manifeste, zu den Wegbereitern des Pietismus in Württemberg gehört.[1] Doch mit und durch Oetinger empfängt diese Frömmigkeits- und Geisteshaltung ihre besondere Ausrichtung. Er gilt als »der eigenartigste und eigenwilligste, zugleich der im strengen und umfassenden Sinne konsequente Denker des Pietismus«[2]. Emanuel Hirsch meint heterodoxe Züge an ihm zu entdecken, das heißt: Oetinger wird bisweilen als ein Außenseiter angesehen, der sich von einem verengten kirchlichen Dogma entfernt.[3]

Eines ist sicher: die Universalität, die geistige Tiefe und die spirituelle Regsamkeit, der wir bei Oetinger begegnen, hält zu seiner Zeit jedem Vergleich stand. Die Züge eines faustisch strebenden Menschen haften ihm an. Dem trägt Emil Bock Rechnung, wenn er ihm das Zeugnis ausstellt: »Der christliche Universalismus Oetingers bestand nicht nur aus einer Erkenntnis, die der Mensch hat, wenn er und die Welt bleiben, wie sie sind. Ihn beseelt die Bereitschaft und der Trieb nach Selbstverwandlung und Weltverwandlung.«[4]

Kein Wunder also, wenn der Schwabe – im Gegenüber zu dem Königsberger J. Gg. Hamann als »Magus des Nordens« – das Prädikat »Magus des Südens« erhielt und geistesgeschichtlich weitreichende Wirkungen auszuüben vermochte.

Ganz abgesehen davon, daß Oetinger Theologe, Seelsorger und Prediger ist, steht vor uns ein Mann, der sich sowohl auf dem philosophischen als auch auf dem Feld der naturwissenschaftlichen Erkenntnis gründlich umgesehen hat. Ausgestattet mit dem geistigen Rüstzeug dieser drei Disziplinen hat er sich an die Bereiche des Esoterischen und Okkulten herangewagt, wie es nur selten ein Theologe unternahm. Er drang ein in die Gründe der jüdischen Mystik: er wurde Kabbalist; er scheute sich nicht, auf experimentellem Wege dem Geheimnis der stofflichen Welt näher zu kommen: er betätigte sich als Alchymist; sein Suchen und Forschen, auch seine geistige Auseinandersetzung mit bedeutenden Persönlichkeiten des 18. Jahrhunderts hatte immer das eine Ziel der Gottesweisheit: Oetinger wurde zum Theosophen.

In seiner Korrespondenz mit dem großen »Geisterseher« des Nordens, Emanuel Swedenborg, im Gespräch mit Kabbalisten, aber auch in der lebenslangen Rückfrage bei den Erleuchteten der Vergangenheit, namentlich bei Jakob Böhme, erlangte er Einsichten, die er mit dem Ergebnis seiner eigenen Schau zu verbinden wußte. Er bediente sich des »Sensus communis«, d. h. einer Erkenntnismethode, die die Phänomene der Natur- und Geisteswelt zu sich sprechen läßt. Und eines der wesentlichen Resultate seiner Bemühungen läßt sich mit den Worten ausdrücken, die er als Titel für eines seiner Werke wählte. Es ist die *Theologia ex idea vitae deducta,* also eine Theologie, die auf der Idee des Lebens gründet.

Damit ist der an der Schrift geschulte fleißige Bibelleser und -ausleger seinem Auftrag als Pfarrer nicht etwa untreu geworden. Im Gegenteil: indem er sich für die Unmittelbarkeit einer religiös-kosmischen Erfahrung öffnet, bekommt das in der Schrift niedergelegte Zeugnis der Propheten und Apostel erst jene Konkretheit und »Leibhaftigkeit«, von der ein bloßer Schrifttheologe, der sich allein auf die Auslegung der alten Texte beschränkt, keine Ahnung hat. Denn »Leiblichkeit ist das Ende der Werke Gottes«. Das ist denn auch das Schlüsselwort Oetingerschen Philosophierens und Laborierens. Glauben und Er-Leben widersprechen einander nicht, sie gehören aufs innigste zusammen, sie korrespondieren einander. »In Oetinger kann nur der sich finden, den die Wissenschaft der Gegenwart alles ihres Reichtums ungeachtet nicht sättigt, und der sehnsüchtig einer reelleren Erkenntnis der göttlichen und menschlichen Dinge in die Zukunft hinausschaut«, schreibt bereits sein schwäbischer Landsmann Carl August Auberlen um die Mitte des 19. Jahrhunderts. Und er fährt, die Gegenwartsbedeutung des Theosophen umreißend, fort: »Oetinger steht in seiner Zeit als eine ahnungsreiche, prophetische Erscheinung da, beschienen von den ersten Strahlen der eben erst am Horizont auftauchenden Sonne eines neuen Tages . . . Oetinger verkündet eine neue Theologie; aber er kann sie nur erst weissagen, noch nicht selbst bringen. Er kann nur erst mit der prophetischen Zuversicht des Entdeckers die Theologie auf die Himmelsgegend hinweisen, in der für sie ein neues Land liege; die ersehnte Küste desselben erreicht er selbst noch nicht auf seiner Fahrt. Und auch wir sind immer noch nicht an ihr gelandet; die Sonne des neuen Tages, die Oetinger aufleuchten sah, hat die Morgennebel immer noch nicht bezwungen; aber das Vertrauen auf den glücklichen Ausgang der Fahrt und die künftige heitere Tageshelle ist mittlerweile in immer mehreren erstarkt.«[5]

Wir wollen nun die wichtigsten Stadien im Leben von Friedrich Christoph Oetinger entlanggehen, indem wir unser besonderes Augenmerk auf den Theosophen lenken, der kabbalistische Weisheit und alchymistisches Laborieren zu vereinen wußte.

AM ANFANG DES WEGES

Friedrich Christoph Oetinger wird am 6. Mai 1702 in Göppingen/Württemberg als Sohn eines Amts- und Stadtschreibers geboren. Man nennt das stille Kind das »einfältige Friederlein«, weil es die Angewohnheit hat, lange versonnen in eine Ecke zu schauen, statt sich wie andere Kinder zu betätigen und lärmend herumzutollen. Die frommen Eltern und Verwandten sorgen dafür, daß der Junge schon in frühen Jahren einen reichen Schatz an Gebeten und Kirchenliedern in sich aufnimmt. Einmal seufzt das Kind: »Wenn ich doch wüßte, was ich bete!« – So etwas wie ein erster geistiger Aufwachprozeß muß vor sich gegangen sein, denn das »Friederlein« denkt über das nach, was er sich einprägen soll.

In seiner Autobiographie berichtet Oetinger über das frühe Schlüsselerlebnis: »Ich kam an das Lied ›Schwing dich auf zu deinem Gott, du betrübte Seele!‹. Nichts von Betrübnis wissend, wurde ich heftig angetrieben zu verstehen, was es sei, sich zu Gott aufzuschwingen. Ich bemühte mich inwendig darum vor Gott, und siehe, da empfand ich mich aufgeschwungen in Gott. Ich betete mein Lied ganz aus. Da war kein Wort, das nicht ein deutliches Licht in meiner Seele hinterließ. In meinem Leben habe ich nichts Fröhlicheres empfunden. Und das hatte in der folgenden Zeit die Wirkung, daß ich, wenn ein heftiges Donnerwetter mit Schlägen und Blitzen kam, vor dem sich mein Vater hinter dem Bettumhang verbarg, getrost dachte: Ich fürchte mich nicht, weil ich weiß, wie man zu Gott betet.«[6] – Dieses Wissen gründet in einer tragenden Gewißheit.

Freilich stellen sich auch beängstigende Träume ein, mit Bildern »von den Gefängnissen der Unseligen nach dem Tod . . . Dies war das Schrecklichste unter den Eindrücken jener Zeit, wie das Erlebnis mit dem Lied das Angenehmste war. Beide hatten auf die spätere Bildung meiner Gedanken viel Einwirkung«. Religiöse Erfahrung und derartige Schwellenerlebnisse sind in der Tat charakteristisch für den künftigen Theosophen.

Nach einer überaus harten ersten Schulzeit, in der der Stock und unsinnige Strafen dominierten, wird der Fünfzehnjährige in die Klosterschule Blaubeuren geschickt. In diesem theologischen Proseminar hat Oetinger Lehrer, die den geschichtlich und naturkundlich interessierten Schüler mit der mystischen Frömmigkeit vertraut machen. Unter diesen Lehrern befindet sich der spätere Tübinger Professor Georg Bernhard Bilfinger, ein Vertreter der zeitgenössischen Aufklärungsphilosophie von Leibniz und Wolff. Nach drei Jahren wechselt Oetinger ins »höhere Kloster« nach Bebenhausen über. Er soll Jurist werden, meint die Mutter. Seine Interessen sind jedoch andere. Seiner Meinung nach gehe im besonderen die Chemie »auf die Essenz der Dinge« ein. Doch der Vater hat schon längst seinen Sohn für das Theologiestudium bestimmt. Nach kurzem Schwanken, welches Studium er aufnehmen solle, entscheidet sich der junge Oetinger in einem spontanen Gebet: »Ich war nun vollkommen entschlossen, bei der Theologie zu bleiben . . . Von dieser Stunde an war ich ein anderer Mensch.« Vor allem in seiner Lebenshaltung drückt sich diese Veränderung aus. Theologie muß sich durch ein besonderes Ethos auszeichnen.

Oetinger geht zum Theologiestudium ans Tübinger Stift, das durch ihn selbst, später durch Namen wie Hölderlin, Hegel, Schelling und viele andere Berühmtheit erlangen sollte. An der Universität schließt er sich im besonderen seinem früheren Lehrer Bilfinger an. Der französische Philosoph Nicole Malebranche (1638–1715) ist es, dessen religiös-aufklärerisches System ihn eine Zeitlang beschäftigt. Der Student lernt die Monadologie von Leibniz näher kennen. Er entwirft sein eigenes Weltbild: »Ich glaubte, daß ein einfaches Ding keine bewegende Kraft in sich haben könne, auch die Seele nicht; den Gedanken einer Einwirkung der Seele auf den Leib hielt ich für irreführend. Weil nun die Seele nicht auf den Leib und der Leib nicht auf die Seele einwirken könne, so müsse Gott Leib und Seele hinsichtlich ihrer Bewegungen und Gedanken wie zwei Uhren vorher nebeneinander zusammengestimmt haben. Aber Gott hat mich hernach durch viele Schmerzen so lange in meinem Innersten mit seinem Wort gepeinigt, bis ich diese Grundbildung meiner Gedanken habe fahren und anders gestalten lassen, nämlich nach den Grundgedanken der Propheten und Apostel.« Bleibt nur hinzuzufügen, daß dieser Rückbezug auf die Bibel nicht etwa Beschränkung auf die kirchliche Lehrüberlieferung allein bedeutet. Dafür sorgt schon Oetingers Interesse an naturphilosophischen, chemischen und auch medizinischen Fragestellungen. Er hat ohnehin das Zeug zum Polyhistor in sich. Doch den wesentlichen Impuls für eine geistige Umorientierung empfängt der junge Student außerhalb der hohen

Schule, nämlich durch die Bekanntschaft mit dem Schrifttum Jakob Böhmes. In seiner Selbstbiographie berichtet er über dieses einschneidende Ereignis.

BEGEGNUNG MIT DEM WERK JAKOB BÖHMES

»Durch Gottes Schickung geschah es, daß ich, um mich zu erholen, oft an der Pulvermühle in Tübingen vorbeiging. Da traf ich als den größten Phantasten den Pulvermüller (Johann Kaspar Obenberger). Er hatte sich eine tiefe Grube in die Erde gegraben, um da sicher zu sein, wenn Babel nach seiner Berechnung zusammenstürzen werde. Er trug mir seine Träume vor. Ich verlachte ihn mit aller Bescheidenheit. Er sprach: ›Ihr Kandidaten seid gezwungene Leute, ihr dürft nicht nach der Freiheit in Christus studieren. Ihr müßt studieren, wozu man euch zwingt.‹ – Ich dachte: Es ist wahr; aber wir haben doch Freiheit. Er sprach: ›Es ist euch doch verboten, in dem allervortrefflichsten Buch nach der Bibel zu lesen!‹ – Ich sprach: ›Wieso?‹ – Er bat mich in seine Stube, zeigte mir Jakob

Böhme und sagte: ›Da ist die rechte Theologie!‹ – Ich las das erste Mal in diesem Buch und fürchtete mich vor den bildhaft anschaulichen Worten Sal, Sulphur und Merkurius[7], mit denen Jakob Böhme vergleichsweise die Kräfte der sieben Geister Gottes und des dreifachen Lebens bezeichnete. Ich machte mich darüber lustig und ging davon. Ich fand aber trotzdem in den überaus bildhaften und anschaulichen Ausdrücken etwas Vernünftiges und dachte, man müsse mit Hilfe von Malebranche und Leibniz die Begriffe dieses Laien verbessern.«

Der Wille, die zunächst einfältig und unaufgeklärt anmutende Theorie des Görlitzer Schusters zu »verbessern«, also auch zu korrigieren, reizt den jungen Studiosus zu einer gründlichen Auseinandersetzung mit Jakob Böhme. Er kann und darf nicht zugeben, daß so schlichte Menschen wie auch der Tübinger Pulvermüller ein angeblich tieferes Wissen besitzen als die gefeierten Philosophen seiner Gegenwart.

Oetinger läßt sich das Böhme-Buch geben. Es mag sich um den sogenannten »Antistiefelius« handeln, eine polemische Schrift, in der sich der Autor mit dem schlesischen Schwenckfeld-Anhänger Esaias Stiefel (gest. 1627) auseinandersetzt. Das Resultat eines, wie er betont, »unter Beiseitesetzung alles Vorurteils« unternommenen kritischen Vergleichs führt Oetinger zur Widerlegung seines eigenen »eingebildeten vorweltlichen Systems«. Hatte er, Malebranche folgend, alles Große als im Kleinsten vorgebildet gesehen, so muß er nun gründlich umdenken. Denn nach Böhme ist das ewige Wort Gottes »ein actus purus« (reine Bewegung) der Gottheit, sofern sie sich in sich selbst darstellt oder sofern sie in einer ewigen Offenbarung ihrer selbst immer im Wirken gegen sich selbst ist«. Es ist der Gedanke des fortdauernden Wirkens Gottes, die unaufhörliche Dynamik seines schöpferischen Willens. Und damit siegt Böhme über Malebranche.

Die aufklärerische Philosophie Christian Wolffs ist in den Augen Oetingers jedoch nicht etwa außer Kraft gesetzt. Oetinger pflegt sie in diesen Tübinger Jahren weiterhin. Er ergänzt seine theologischen, philosophischen, auch juristischen und medizinischen Studien durch mathematische, um in der logischen Beweisführung noch besser gewappnet zu sein. Wie er in »Genealogie der reellen Gedanken eines Gottesgelehrten«, d. h. in seiner Autobiographie, ausführlich berichtet, scheute Oetinger keine Mühe, um Licht in das Erkenntnisproblem zu bekommen, namentlich im Spannungsverhältnis von Philosophie und Theologie. »Daher habe ich die Mathematik, die Philosophie und alles gründlich studiert, was zu den Erkenntnissen der gegenwärtigen Zeit gehört«, heißt es da. Der Dichter des *Faust* brauchte demnach nur das Streben eines Mannes wie Oetinger anzuschauen, um seiner »Tragödie ersten Teil« zu beginnen:

Habe nun, ach! Philosophie,
Juristerei und Medizin
Und leider auch Theologie
Durchaus studiert, mit heißem
Bemühn . . .

Sehr viel zufriedener als Goethes Faust ist der junge Oetinger offensichtlich nicht, denn eben dieses Studieren ist ihm nicht genug. Gerade die Begegnung mit dem Schrifttum Böhmes bestärkt ihn darin, daß im Menschen selbst ein Prozeß in Gang kommen und eine spezifische Erkenntnisfähigkeit erbildet werden müsse, nämlich der »sensus communis«, das Sensorium für die Erkenntnis von Wahrheit und Wirklichkeit.

So bedeutet Jakob Böhme für Oetinger eine Wende, um – nach einem Wort von Ernst Benz – zum »Vater der schwäbischen christlichen Theosophie« zu werden und um die Vermittlerfunktion zwischen »seinem großen Vorläufer Jakob Böhme und zu seinem größten Schüler und Nachfahren, Friedrich Wilhelm Schelling«, zu erfüllen.[8] So ist es von zeichenhafter Bedeutung, wenn der fruchtbare theosophische Schriftsteller neunundzwanzigjährig mit einem Werk über Böhme beginnt und als Fünfundsiebzigjähriger mit einer Böhme-Studie sein literarisches Schaffen abrundet: *Aufmun-*

ternde Gründe zur Lesung der Schriften Jakob Böhmes (1731) und *Versuch einer Auflösung der 177 Fragen aus Jakob Böhme* (1777). Und in einem so wichtigen Spätwerk wie *Swedenborgs irdische und himmlische Philosophie* (1765), in dem Oetinger den nordischen Seher, aber auch Philosophen seiner Zeit mit Böhme vergleicht, findet sich der bekenntnisartige Hinweis:

»Sagt man, Jakob Böhme sei so undeutlich und schwer zu verstehen, so antworte ich: Man habe nur Geduld, seinen Verstand gegen andere Philosophien zu halten, so wird man leicht urteilen, was mit dem Gewissen des Menschen am besten zutreffe. Es ist auch nicht alles auf diese Jahre geschrieben, sondern von jetzt geht der Aufschluß der Wahrheiten fort bis in die tausend Jahre, und von da in Ewigkeit.«[9] An der Zukunftsbedeutung des Görlitzer Meisters läßt der geistesverwandte schwäbische Theosoph somit keinen Zweifel aufkommen, obwohl er sich hütet, blindlings auf die Worte dieses Meisters zu schwören:

»Ich bin deswegen kein Nachäffer des Jakob Böhme. Ich weiß, worin er gefehlt; ich weiß, wie er seine Expressionen selbst korrigiert und Jahr und Jahr gearbeitet, schicklichere Termini zu finden . . .«[10] – Und weil Ph. J. Spener den dringlichen Wunsch aussprach, Gott möge Leute erwecken, die die oft dunklen Gedankengänge des Görlitzer Meisters zu erhellen vermögen, steht für den Schwaben fest: »Das werde ich, so Gott will, tun ohne Furcht.« Und er hat Wort gehalten. Oetinger wurde der verständnisvolle Interpret Böhmes im 18. Jahrhundert und – um es vorweg zu sagen – der Vermittler Böhmeschen Geistes für die Böhme-Renaissance des 19. Jahrhunderts.

ALBRECHT BENGEL UND DIE BIBEL

Am 2. Mai 1725 wird der Tübinger Student zum Magister promoviert. Noch wichtiger ist für den jungen Oetinger die Bekanntschaft mit dem fünfzehn Jahre älteren schwäbischen Landsmann, dem Theologen Albrecht Bengel, den er regelmäßig besucht und dem er innerlich wie persönlich näherkommt. Einem rege geführten Briefwechsel entnehmen wir, wie Oetinger »eine brennende Begierde« in sich trägt, das von Bengel gepflegte Studium der Apokalyptik zu teilen. »In dieser Absicht werde ich mich mit der Kirchengeschichte beschäftigen«, läßt er seinen Lehrmeister im Brief vom 13. Mai 1727 wissen.

Intensive mathematische Studien, die sein philosophisches Streben ergänzen, vermögen ihn nicht zu überzeugen, daß eine rationalistisch-»mechanistische Philosophie« auf die letzten Seinsfragen antworten könne. Als Bengel merkt, daß sein geistlicher Schüler dazu übergegangen ist, nur noch Bibelstudien zu treiben, bestärkt ihn »der große Schriftgelehrte« nicht etwa darin, sondern erinnert ihn an Origenes, der seine Zuhörer nicht zuletzt durch seine wissenschaftliche Beweisführung für die Heilige Schrift gewonnen habe. Oetinger »bekehrt« sich: »Da fing ich mit größtem Fleiß an, die Grundideen der Alten von dem Leben, sowohl der vegetabilischen, animalischen und mineralischen Dinge, als auch von dem Leben der vernünftigen Seele zu studieren« – eine über Jahrzehnte, ja über sein ganzes weiteres Leben sich erstreckende Beschäftigung. Oetinger verfällt weder der Ignoranz noch einem stupiden Antirationalismus. Vielmehr wird ihm klar, »daß die Beweisung des Geistes und der Kraft der wahren logischen Demonstration nicht entgegenzusetzen sei«.[11] Glauben und Erkennen lernt er als eine Ganzheit zu begreifen und zu realisieren.

Was Oetinger trotz einer später einsetzenden Distanz verbindet, das ist vor allem eine den wörtlichen Sinn der Schrift ernst nehmende realistische Bibelexegese. Gemeint ist dabei, »daß die Dinge der geistigen Welt, die in der Bibel beschrieben werden, Realitäten im höchsten Sinne sind, wirklicher als alles, was uns auf Erden wirklich ist. So will er auch die Aussagen über die himmlische Stadt, über das Kommen Christi in den Wolken des Himmels, über das Sitzen zur Rechten, über die weißen Pferde, auf denen die Gläubigen sitzen, so wörtlich und real wie nur möglich verstanden wissen.«[12]

Nun wird man sich freilich davor hüten müssen, Oetinger zu unterstellen, daß er unreflektiert die irdische Welt in die himmlische projiziere. Vielmehr ist es ihm um »Geistleiblichkeit« zu tun, eben um den vollen Wirklichkeitsgehalt der geistigen Welt, die – in entschiedener Abwehr von der idealistisch-rationalistischen Philosophie seiner Zeit – durch eine abstrakte Begrifflichkeit nicht auf-

gelöst werden dürfe. Der programma-
tische Satz von der »Leiblichkeit als dem
Ende der Werke Gottes« faßt das Inten-
dierte in knappster Form zusammen.
Kein anderer als Jakob Böhme, zu dem
Bengel freilich keinen besonderen Zu-
gang hat, ist für Oetinger der maßgeb-
liche Gewährsmann. Und in der später
mit großer Leidenschaft geführten Aus-
einandersetzung mit dem nordischen
Geisterseher Emanuel Swedenborg spielt
die gleiche Thematik nochmals eine wich-
tige Rolle. Schließlich bleibt der schwä-
bische Theosoph bei aller Sympathie für
die Kundgaben Swedenborgs jener Bibli-
zist, als der er durch die Schule Böhmes
und Bengels vorgeprägt war.

Während aber Böhme, der charisma-
tisch Begabte, ohne das bibelwissenschaft-
liche Rüstzeug auskommen mußte, ist
Oetinger-Forschung und -Edition verdan-
samer, ja kritischer Leser der biblischen
Urtexte. Reinhard Breymayer, dem wir
neuerdings wesentliche Beiträge zur
Oetinger-Forschung und -Edition verdan-
ken, merkt daher einmal an:

»Eine historisch-kritische Untersuchung der Werke Oetingers ergibt, wie sorgfältig und eigenständig Oetinger die Luther-Übersetzung durch Rückgriff auf den Grundtext in seinen verschiedenen Lesarten nachprüft und mit anderen Übersetzungen (Septuaginta, Vulgata u.a.) vergleicht. Diese Sorgfalt steht im Gegensatz zu der großzügig umgestaltenden Art, mit der Oetinger aus außerbiblischen Werken zitiert.«[13]

Als der große Schüler seines Lehrers Albrecht Bengel ist Oetingers Blick geöffnet für das, was die Theologie »Eschatologie«, das Ende und die Vollendung aller Dinge, nennt. Auf dieses letzte, herannahende Ziel von Weltall, Erde und Menschheit ist beider Blick gerichtet, wenn sie sich in die Schrift vertiefen und nach einem Schlüssel für die Zukunftsgeheimnisse suchen. Darüber hinaus ist vor allem Oetinger von der Gewißheit erfüllt, daß Offenbarung fortschreitet. Sie ist nicht durch den Bibelkanon des Alten und Neuen Testaments eingegrenzt. Mit dem letzten Buchstaben der Johannesoffenbarung hat der sich manifestierende Gott nicht etwa aufgehört zu reden. Vielmehr redet er durch die geistbegabten Männer und Frauen, wobei Jakob Böhme und Oetingers Zeitgenosse Emanuel Swedenborg für ihn zu den wichtigsten Repräsentanten einer fortschreitenden Gottesoffenbarung gehören. Darüber hinaus aber ist jeder Christ aufgerufen, selbst zum Gefäß und zum Organ einer spirituellen Erkenntnis zu werden und eine Aufhellung seines inneren Sinnes, ja eine durchgreifende Wiedergeburt zu erlangen.

VERTIEFUNG IN DIE JÜDISCHE ÜBERLIEFERUNG

Um die Theologie von ihren allerersten Anfängen an zu studieren, vertieft sich Oetinger nicht nur in die Schriften der Kirchenväter der frühen Jahrhunderte, sondern auch in jene der jüdischen Rabbinen. Er begnügt sich nicht damit, die jeweiligen Inhalte nur als Wissensstoff in sich aufzunehmen. Ihm liegt an einer systematischen und methodischen Erarbeitung, indem er das Überlieferungsgut vergleicht und an der biblischen Verkündigung mißt, wobei auch umgekehrt Oetingers Bibelverständnis durch die Studien der außer- und nachbiblischen Kontexte gewinnt. Entsprechendes gilt für die späteren alchymistischen Forschungen, die die theologischen Einsichten des schwäbischen Prälaten bereichern.

In seinen autobiographischen Aufzeichnungen legt Oetinger sorgfältig Rechenschaft ab von den Ergebnissen seiner ausgedehnten Lektüre. Er kommt zu dem Schluß, daß er noch tiefer graben müsse, nämlich bis hin zu den Grundschriften der jüdischen Mystik, besonders des berühmten kabbalistischen Buches Sohar: »Daher suchte ich Gelegenheit, die kabbalistischen Quellen selbst zu lesen. Weil es aber schwer ist, so verschob ich es auf Gelegenheit, mit mehr gelehrten und erfahrenen Juden umzugehen.«

Diese Gelegenheit bietet sich dem erkenntnisdurstigen Theologen und Theosophen während seiner Studienreise 1729/30 nach Frankfurt. Dort bekommt er nicht allein die kaum minder berühmte »Cabbala denudata« (Enthüllte Kabbala) des am Hofe des Fürsten Christian August von Sulzbach (Oberpfalz) als Kanzler wirkenden Mystikers Christian Knorr von Rosenroth (1636–1689) in die Hand. Noch wichtiger wird für den angehenden protestantischen Theologen die Bekanntschaft mit dem Frankfurter Juden Koppel Hecht, einem gelehrten Kabbalisten, dessen Zuneigung er gewinnt. Und als Oetinger darauf dringt, tiefer in die jüdische Geheimlehre eingeführt zu werden, da ist die Überraschung groß, denn Koppel Hecht gibt zu verstehen: »Was die Kabbala betreffe, so hätten wir Christen ein Buch, das noch viel deutlicher von der Kabbala rede als der Sohar. – Ich fragte: welches? – Er antwortete: Jakob Böhm.«

Damit schließt sich der Ideenkreis, denn von Böhme kommt Oetinger bereits her. Freilich ist die von Knorr von Rosenroth, von Koppel Hecht und anderen vertretene Kabbala nicht einfach mit der traditionellen jüdischen Mystik gleichzusetzen. Wir haben es vielmehr mit einer christlichen Interpretation (wenn nicht: Umformung) dieser Kabbala zu tun. Oetinger stellt sich damit in jene Geistesströmung hinein, die seit den Tagen seines älteren Landsmannes Johann Reuchlin (*De verbo mirifico*, 1494; *De arte cabbalistica*, 1517) auch auf deutschem Boden als »christliche Kabbala«[15] existiert. Es handelt sich dabei – sehr zum Ärger der jüdischen Orthodoxie[16] – einerseits um eine christliche Deutung kabbalistischer Lehrmitteilungen, andererseits um die theologische bzw. theosophische Durchdringung christlicher Glaubenssätze mit den Mitteln der jüdischen Mystik. Man denke nur an den zehngliedrigen Sefirot-Baum, dessen obere Dreiheit mit der christlichen Trinität in Verbindung gebracht wurde, während die sieben übrigen Sefirot oder »Abglänze« der Gottheit in der Theosophie und Kosmosophie Jakob Böhmes in den sogenannten sieben Naturgeistern eine Entsprechung finden. Namentlich in Oetingers Spätwerk, in seiner Interpretation der geheimnisvollen *Lehrtafel der Prinzessin Antonia* kommt sein eigener Beitrag zur christlichen Kabbala deutlich zum Ausdruck.

Wer heute in das kleine, in ein Schwarzwaldtal eingebettete Bad Teinach kommt, der wird überrascht sein, in der dortigen evangelischen Dreifaltigkeitskirche dieses großformatige Tafelbild auf der rechten Seite des Altarraums zu finden. Anhand dieses im Jahrhundert vor

Oetinger geschaffenen Gemäldes zeigt der um die Heimholung kabbalistischer Mystik in den christlichen Frömmigkeitskanon bemühte Theologe, wie sich die Selbstoffenbarung Gottes manifestiert. Jede der zehn aus dem Ungrund der Gottheit hervorgehende Sefira stellt demnach eine geheimnisvolle Stufe göttlicher Selbstverwirklichung dar. Wichtiger als eine in allen Punkten anzustrebende Übereinstimmung der mystischen Aussage mit dem kirchlichen Dogma und damit wichtiger als die Aufstellung orthodoxer Lehrgrundsätze ist für Oetinger, daß der sich offenbarende Gott aus seinen Dunkelheiten heraustritt, indem er sich bis in die sinnliche Wahrnehmung hinein erfahren läßt. Eben dies ist der Gang der Wege Gottes, wobei Leiblichkeit nicht etwa einen Abstieg ins qualitativ Minderwertige bedeutet, sondern im Gegenteil: Steigerung und Vervollkommnung. Und so, wie schon Jakob Böhme durch die kabbalistische Mystik nachhaltig beeinflußt worden sein muß, so erfuhren auch die Grundanschauungen

Oetingers durch die Begegnung mit zeitgenössischen Kabbalisten und deren Schrifttum eine Formung. Für den württembergischen Pfarrer und späteren Prälaten ist die praktizierte Ökumene des Geistes eine Selbstverständlichkeit, für die heute noch nicht allzuviele seiner »Kollegen« das nötige Verständnis aufzubringen vermögen.

STADIEN AUF DEM LEBENSWEG

Um den Theosophen und Liebhaber der esoterischen Disziplinen weiter im Blick zu behalten, muß es an dieser Stelle genügen, die wichtigsten Stationen seines äußeren Lebens- und Entwicklungsgangs vorwegzunennen:

Während jener ersten Reise durch Deutschland (1729/30), die Oetinger außer nach Frankfurt auch nach Berleburg und Jena, vor allem in die beiden Zentren des zeitgenössischen Pietismus geführt hat, lernt er auch den Grafen Zinzendorf und dessen inzwischen weltweit bekannte Brüdergemeinde kennen. So sehr Oetinger von der Lebensart des Grafen beeindruckt ist, stellt sich doch bald heraus, daß dem Schwaben der Schlesier Jakob Böhme wichtiger ist als die Grundsätze der Herrnhuter. Zu dieser Zeit entsteht Oetingers erste Schrift

Aufmunternde Gründe zur Lesung Jakob Böhmes . . ., die er 1731 unter dem Pseudonym Halatophilus Irenäus herausgibt. Wohin er auch kommt, immer ist es Oetinger um die Kundgabe der von ihm vertretenen »Philosophia sacra« zu tun. Es ist jene »heilige Philosophie«, die sich nicht etwa mit der Schulphilosophie messen will. Man versteht Oetingers »Philosophia sacra« besser, wenn man daran denkt, daß er sich in die Tradition derjenigen »Philosophen«, nämlich der Alchymisten hineingestellt weiß, die den »lapis philosophorum«, den Stein der Weisen, herzustellen trachten.

Während einer kurzen Tätigkeit als Repetent am Tübinger Stift, wo er für jüngere Semester philosophische und theologische Übungen abzuhalten hat, entsteht Oetingers *Abriß der evangelischen Ordnung zur Wiedergeburt* (1733). Er nennt das schon seit 1725 meditierend vorbereitete Buch »die schriftgemäße Einsicht und Ausübung der wahren evangelischen Mystik, der des Geheimnisses des Evangelii nach vier Stufen«.[17] Damit ist deutlich zum Ausdruck gebracht, welche wichtige Rolle das Element einer spirituellen Schulung schon bei dem jungen Oetinger spielt, auch wenn er das hier Entworfene Jahre danach als »zu gesetzlich« kritisiert. Wiedergeburt ist für den geistlich Übenden kein einmaliger, spontan zu vollziehender und alsbald in sich abgeschlossener Akt, sondern ein in bestimmten Stadien sich abzeichnender und seelenaktiv zu durchschreitender Innenweg:

Die erste Stufe ist ein »arbeitsamer, mühsamer, ernsthafter Weg« der Erkenntnissuche. – Die zweite Stufe nennt Oetinger den »Weg des immerwährenden Gebets ohne Unterlaß«. Während er dieses Stadium dem Evangeliensymbol des Menschen zuordnet, entspricht die erste Stufe dem des Stieres. – Die dritte Stufe (des Löwen) nennt er »Weg des wesentlichen Glaubens und der wesentlichen Liebe« aus der Kraft der Auferstehung Christi. Der Übende gelangt mehr zu der Einsicht, daß die eigene Bemühung in das Werk der sich schenkenden göttlichen Gnade übergeht. – Dem johanneischen Symbol des Adlers ist schließlich die vierte Stufe zugeordnet. Hier ereignet sich die »apostolische Verwandlung« in das Bild Christi »von einer Klarheit zu der andern«. Hier ist der Mensch vollends dem Bereich des Machbaren enthoben. Verwandlung ereignet sich »von oben« her.

Oetinger, der nach dem Tode seiner Eltern ein kleines Vermögen geerbt hat, kann eine zweite, über vier Jahre sich erstreckende Bildungsreise antreten, die ihn über Leipzig, Herrnhut, Halle und Berlin bis nach Holland führt. An jedem Ort und durch jede Begegnung weiß er seine bereits universell angelegte Bildung durch neue Erfahrungen zu ergänzen. Einmal ist es jener schlichte Bauer Markus Völker, von dem gesagt wird, daß er über dieselbe »Zentralerkenntnis«, den Dingen ins Herz zu sehen, verfügt wie einst Jakob Böhme. In Ruderstadt bei Erfurt sucht Oetinger den unscheinbaren Charismatiker auf. In Homburg ist es ein tief in die Hl. Schrift eingedrungener Jude, aus der Sekte der Karäer, der ihn beeindruckt. Auf dem Weg nach Holland und dort selbst kommt Oetinger mit Inspirierten zusammen, auch mit solchen (Separatisten), die aufgrund ihrer überwältigenden spirituellen Erfahrung eine Trennung von der Kirche befürworten. Selbst für die Vollendung seiner medizinischen Kenntnis findet Oetinger Gelegenheit. »Ich bin ein Proteus, der einer wie alles ist«, schreibt er an einen Freund im April des Jahres 1737.

Oetinger steht im 35. Lebensjahr. Er hat Philosophie, Juristerei und Medizin, vor allem aber – durch geistliche Übung vertieft – Theologie studiert. Verschiedene Wege stehen ihm offen. Und da die Stuttgarter Kirchenleitung nicht ohne Argwohn den Entwicklungsgang und die ersten Publikationen ihres theologischen Aspiranten verfolgt hat, bedarf es mancher Erwägungen, ehe sich Oetinger entschließt, ins Pfarramt zu gehen. Er will »auf einer kleinen Pfarrei der Wahrheit nachspüren«, gesteht er in seinem Lebensbericht.

Und so sind es eine Reihe von kleineren und größeren Pfarreien, die die äußeren Stationen seines weiteren Lebens bezeichnen. Seine erste Stelle findet der Jungvermählte 1738–1743 in dem Dorf Hirsau, in der Nähe von Calw, das berühmt ist durch die Ruine einer kirchengeschichtlich bedeutsamen Klosteranlage.

1743 siedelt er mit seiner Familie um nach Schnaitheim bei Heidenheim an der Brenz, um seinem väterlichen Freund Albrecht Bengel im benachbarten Herbrechtingen nah zu sein.

Eine für sein Forschen besonders wichtige Station wird die Zeit in Waldorf bei Tübingen, wo er zwischen 1746 und 1752 Pfarrer ist. »Allda fand ich, nachdem ich in der Theologie keinen Zweifel mehr hatte, mich getrieben, um der emblematischen Theologie willen, die Chemie praktisch zu treiben, wie ich vorher die alchemistischen Autoren alle von Hermes an bis auf Sendivogius (Philaletha) gekauft. Die Autoren las ich Jahr und Tag, ohne daß ich einen Grund des Zusammenhangs gefunden. Endlich aber fand ich, nachdem mir Gott die zwei Hauptsubjekte gezeigt, den Grund, sowohl die via humida (den feuchten Weg in der Alchymie) als die via sicca (den trockenen Weg) zu verstehen, damit ich hernach sicher experimentieren könnte.«[18]

Daß das alchymistische Laborieren für Oetinger nicht etwa völlig abseits seiner beruflichen Verpflichtungen als Theologe und Seelsorger abläuft, geht aus einer Notiz hervor, die sich ebenfalls in seinen autobiographischen Aufzeichnungen findet:

»Es sind viele Adepten, die sich begnügen, daß sie die Apothekerkunst kennen und nicht weiter aufsteigen. Diese nutzen niemand als sich selbst. Ich aber habe die emblematische Theologie in der Chemie zum Grund und lasse den Ausgang Gott über. Wer alles zusammenhält in meinen Destinationen, wird finden, daß ich mit göttlichem Beruf darin arbeite ohne Abbruch meines Amts . . . Die Philosophie der Adepten hilft ungemein viel zu der Physik der Heiligen Schrift, und diese trägt viel bei zur Erkenntnis der Heiligen Schrift selbst ...[19] Von 1752 bis 1759 bekleidet er das Amt eines Dekans in Weinsberg. Zu den wichtigsten Veröffentlichungen aus dieser Zeit gehören die Schriften *Inquisitio in sensum communem* und *Die Wahrheit des sensus communis* (1753). Der Autor legt darin Rechenschaft ab über die Grundlagen seiner Erkenntnis, die er aus der an der Bibel orientierten, aus den Tiefen des eigenen Inneren geschöpften Erfahrung gewonnen hat. So gesehen, ist der Sensus communis ein Erkenntnisorgan höherer Ordnung. Ihm soll die Vernunft folgen. Am Ende der Weinsberger Zeit steht die Veröffentlichung des *Weinsberger Predigtbuches* (1759).

Im selben Jahr wird er als Dekan nach Herrenberg berufen. Daß Oetinger auf dem Höhepunkt seines vielseitigen Schaffens steht, bezeugen bedeutsame Werke, die in den folgenden Jahren erscheinen können. Im Manuskript liegt (1762) sein Buch *Theologia ex idea vitae deducta* vor. Es kann drei Jahre später in Druck gehen. Darin sucht Oetinger »das Leben

Gottes, welches durch Christus den Kreaturen mitteilbar ist«, als »die hauptsächlichste Idee der Theologie« zu erweisen, und zwar ganz im Sinne des Sensus communis, das heißt auf dem Wege der inneren Erfahrung und auf der Basis der Heiligen Schrift. Oetinger ist bei seinem Lebensthema. Es bewegt ihn, ob er seine biblischen oder seine kabbalistischen Studien treibt, ob er betet oder predigt, ob er sich mit geistlich Erfahrenen austauscht oder Alchymie in Theorie und Praxis treibt.

In Herrenberg läßt er sich zur Abfassung seiner theologisch-theosophischen Interpretation der kabbalistischen *Lehrtafel* gewinnen (1763). Er schreibt (1764) seine autobiographische *Genealogie der reellen Gedanken eines Gottesgelehrten* nieder. Und im selben Jahr 1765, in dem er sein Hauptwerk *Theologia ex idea vitae deducta* hinausgehen läßt, kann auch die große Abhandlung über »Swedenborgs himmlische und irdische Philosophie« die Druckerpresse verlassen. Oetinger hat nicht nur dessen Schriften aufmerksam gelesen. Das Buch selbst und ein Briefwechsel, den der Magus des Südens mit dem Geisterseher aus dem Norden führt, zeigen, wie hoch Oetinger seinen großen Zeitgenossen einschätzt. Sein Urteil, mitgeteilt in einem Brief an den Landgrafen Ludwig IX. von Hessen-Darmstadt (1771), ist klar:

»Swedenborg ist das größte Phänomen an dem geistlichen Himmel . . .« Selbst dessen Irrtümer und Grenzen helfen ihm, tiefer einzudringen in die Mysterien von Wahrheit und Wirklichkeit.

Als Prälat der württembergischen Kirche mit Sitz in Murrhardt erreicht der von Krankheiten, familiären und beruflichen Sorgen immer wieder Heimgesuchte eine geachtete Stellung innerhalb der Amtskirche. Dennoch muß sich Oetinger gerade wegen seines offenen Eintretens für Swedenborg wiederholt in Wort und Schrift verantworten. Den Vertretern einer aufklärerischen Theologie ist das Suchen und Forschen Oetingers nichts weiter als primitiver Aberglaube. Die »Göttingischen Anzeigen von gelehrten

Sachen« aus dem Jahr 1766 kommen in einer umfangreichen Rezension über Oetinger zu dem erstaunlichen Urteil:

»Wir haben seit langer Zeit kein Buch gelesen, in welchem so viel Torheiten gleichsam gesammelt werden, und sind über das angehängte Verzeichnis der Schriften des Prälaten recht erschrocken. Daß 32 große und kleine Werke von einem solchen alchymistischen und böhmistischen Theologen haben können gedruckt werden, ist wohl ein sicherer Beweis, daß es ihnen an Lesern nicht fehle. Welche Demütigung für den Verstand der Menschen, noch mehr für unsere Zeiten ...«[20]

Oetinger, der kirchenamtliches Schreibverbot erhält, kümmert sich mit Recht wenig um derlei Verfügungen. Seine Bücher müssen ohnehin seit langem außer Landes, das heißt außerhalb von Württemberg erscheinen. Freilich ist zu diesem Zeitpunkt sein Werk im wesentlichen getan. Als reifes Alterswerk, das geeignet ist, an die Elemente und Fermente Oetingerschen Denkens und Glaubens heranzuführen, verfaßt der inzwischen Vierundsiebzigjährige sein *Biblisches und emblematisches Wörterbuch* (1776). Hat er in jungen Jahren die Philosophie der Zeit, das Denken von Leibniz und Wolff durchlaufen, so will er nun »die Sinnlichkeit der Schriftausdrücke klarmachen und die philosophische Phantasie reinigen«. Oetingers bekanntestes Wort von der Leiblichkeit als dem »Ende der Werke Gottes« steht in diesem Spätwerk.

Den Abschluß seines literarischen Schaffens aber bildet der *Versuch einer Auflösung der 177 Fragen aus Jakob Böhme* (1777). Dieses Buch ist somit dem Mann gewidmet, der seit dem denkwürdigen Zusammentreffen des Studenten mit dem Tübinger Pulvermüller Theologie und Philosophie, sein spirituelles Streben überhaupt inspiriert und impulsiert hat. Eine Osterpredigt ist es, zu der der greise Prälat 1778 ein letztes Mal die Kanzel besteigt. Vier Jahre danach, am 10. Februar 1782, stirbt Oetinger. In der Kirche zu Murrhardt ist er beigesetzt.

GEISTESART UND ERKENNTNISMETHODE

Die Entdeckung Friedrich Christoph Oetingers besteht nach seinen eigenen Worten in erster Linie in der Einsicht, daß die Welt in allen ihren Erscheinungsformen eine von der Wirklichkeit des Lebendigen durchpulste Wesenheit darstellt. Dieses Leben verbindet das Einzelne, das scheinbar Abgesonderte oder Isolierte – ein Abstraktum gibt es für Oetinger im Grunde nicht – in einem einzigen großen Zusammenhang. Ganzheit wird erkennbar.

Keine beliebige Erkenntnismethode vermag eine derartige Ganzheitsschau zu eröffnen, wie wir sie bei Oetinger antreffen. »Methodisch handelt es sich bei dieser Neuentdeckung um eine intuitive, aus Erfahrung und Anschauung, nicht aus abstrakter Spekulation und diskursivem Denken gewonnene neue Schau der Welt als einer grundsätzlich lebendigen Einheit«, charakterisiert Wilhelm Albert Hauck den Magus des Südens. »Von hier aus ist auch seine kritische Auseinandersetzung mit Orthodoxie, Idealismus und Rationalismus zu verstehen.«[21]

Worin besteht nun das Erkenntnisprinzip Oetingers? – Eines seiner Hauptwerke *Inquisitio in sensum communem* wurde bereits genannt. Der Titel dieses 1753 veröffentlichten Buches nennt die Sache selbst, um die es geht, nämlich das allgemeinmenschliche Empfindungs- oder Merkorgan, über das der Mensch verfügt. Es konstituiert sein Menschsein und leitet ihn an, den Weg der Weisheit zu beschreiten, um dem Ziel dieses Wegs, der Wahrheit, näher zu kommen. Und eben dies ist auch das ganz konkrete Ziel Oetingers, als er sich anschickt, nach den beiden ausgedehnten Studienreisen und der Tübinger Repetententätigkeit »auf einer kleinen Pfarrei der Wahrheit nachzuspüren«. Nichts anderes als eine einzige »Inquisitio«, ein einziges Nachspüren ist sein Erkenntnisleben. Und was er an sich erlebt, empfindet er als ein allgemein-menschliches Bedürfnis, denn er schreibt: »Unsere Gedanken wollen ruhen in dem, wozu wir geschaffen sind, nämlich im leiblich-geistigen Genuß der Wahrheit . . . Wir haben etwas in uns, das verlangt, in der Wahrheit und Realität zu subsistieren.«

Dieses etwas, genauer: dieser »Sensus« korrespondiert mit dem, was sich manifestiert, es sei sichtbar oder unsichtbar. Dieser Sensus schafft Unmittelbarkeit zwischen Mensch und Welt, auch zwischen Mensch und Gott. Und weil dieses allgemeine Merk- oder Empfindungsorgan von keiner bestimmten Bildung abhängig ist, findet man es selbst bei Menschen, die keine hohe Schule von innen gesehen haben. Der thüringische Bauer Markus Völker, ein zur »Zentralerkenntnis« Erwachter, ist für Oetinger ein Musterbeispiel neben dem »ungebildeten« Schuster Jakob Böhme.

So kann Oetinger sagen: »Die gemeine Erkenntnis – eben der Sensus communis

– ist oft fruchtbarer als die philosophische«.[22] Eine knappe, auf einen eindeutigen Begriff gebrachte Definition des Sensus communis dürfen wir von Oetinger mit Rücksicht auf den bezeichneten Gegenstand freilich nicht erwarten. Dafür bietet er viele charakterisierende Umschreibungen, in denen er bestimmte Wesenszüge sichtbar macht.

Ein erstes Merkmal leitet der Bibeltheologe Oetinger von jenen Bibelstellen ab, wo vom Herz und vom Gewissen die Rede ist. Er nennt es »ein Mitwissen mit Gott, mit andern Menschen und mit sich selbst«. Der jeweilige Akt ist kein rationales Geschehen, vielmehr geht er dem Verstandesdenken voraus. Dieser Sensus erfaßt auf intuitive Weise eine Ganzheit, während das Verstandesdenken das sich Manifestierende zerlegt. – Ein zweites Merkmal des Sensus findet er überall dort, wo die Bibel – etwa im Johannesevangelium – vom Wort (Logos), Leben und Licht spricht und damit jeweils spirituelle Qualitäten meint. – Ein drittes Merkmal sieht er in der Tendenz und

Bedürftigkeit des Menschen, den Horizont des Zeitlichen nach dem Überzeitlichen, Ewigen hin zu transzendieren.[23]

Dieser Sinn eines intuitiven Erkennens kann vernachlässigt werden, dann verkümmert er; er kann aber auch gesteigert werden, nämlich bis hin zur »Zentralerkenntnis« oder zur »Zentralschau«. So heißt es in einem Brief an den Grafen von Castell aus dem Jahr 1748: »Die Zentralerkenntnis ist der höchste Grad des allgemeinen Wahrheitsgefühls«, ein Erbstück aus der ersten Schöpfung (Creatio prima).[24]

Und wie eine nähere, durch Wilhelm Albert Hauck unternommene Untersuchung zeigt, kennt Oetinger verschiedene Abstufungen und Intensitäten der Zentralschau. Sie reicht von einem existentiellen Erkennen, in dem die erkennende Seele in das hinein verwandelt wird, das ihr als Erkenntnisobjekt vorliegt, – bis hin zur mystischen Vereinigung des Menschen mit Gott. (Aus dem Gesamtwerk heraus ergibt sich allerdings, daß Oetinger auch als »Mystiker«

die Leiblichkeit und damit den Bezug zum Irdischen und zum Konkreten aufrechterhält. Man könnte hier vom rosenkreuzerischen Einschlag christlicher Spiritualität sprechen.)

Die Zentralschau läßt sich sodann begreifen als ein generativer Vorgang, etwa im Sinne einer Formulierung Robert Schneiders: »Erkennen ist Entspringenlassen des Gegenstandes aus dem Keim zu seiner ganzen Gestalt.«[25] Was auf diese Weise wächst, das läßt sich in verschiedenen Wachstumszuständen erfassen, denn es gibt ein inneres Fortschreiten auf dem Weg der Erneuerung und Reifung des Menschen, wie es bereits in der frühen Schrift über die Evangelische Ordnung der Wiedergeburt dargestellt ist. Im übrigen gilt: »Die Zentralerkenntnis geschieht durch eine Vergestaltung, Überformung, Salbung und Verwandlung der Natur des Erkennenden in die Natur des Erkannten.«[26]

Wir sehen, wie Oetinger jenen den Weg weist, die wie Goethe und in der Nachfolge Goethes die »anschauende Urteilskraft« betätigen und die Erkenntnisdynamik in Fluß halten, um eine dem Phänomen des Lebendigen angemessene Erkenntnisart zu erringen.[27]

Der Sensus communis, zuvörderst die den Dingen ins Herz schauende Zentralerkenntnis ist es, die auch und gerade an das Geheimnis des Lebens heranführt. Dies ist Oetingers Grundüberzeugung, denn: »Nichts ist dem Sensus communis offenbarer als das Leben und nichts ist dem Verstand dunkler als das Leben.« Von sich selbst gesteht der Fünfzigjährige einmal: »Es ist also keine bloße Redensart, sondern es ist in Wahrheit so, wenn ich mein Herz finde, so leuchtet mir Gottes Angesicht, und wenn ich dieser Erleuchtungen viele zusammennehme und meine Rede daraus formiere, so gibts ein Buch, das nach dem innern Sinn geschrieben ist. Ich habe oft zu Mitternacht empfunden, was ich den Tag über geschrieben . . .«[28]

Dieser Hinweis auf die Inspirationen,

die Oetinger aus dem Machtbereich der Seele, das heißt aus dem Unbewußten empfangen hat, muß durch die Erfahrungen des an den Phänomenen des Naturlebens Lernenden ergänzt werden. Er selbst hat uns darüber Bericht gegeben, und zwar speziell im Zusammenhang seiner alchymistischen Studien. Am bemerkenswertesten und für ihn selbst am eindrücklichsten ist das Experiment mit Melissenblättern:

Er hat sie, als er noch Pfarrer in Waldorf war, im Herbst von einer Frau geschenkt bekommen. Nachdem sie lange liegen geblieben waren, stellte er ein Destillat her, indem er das dürre Kraut zerhackte und in einer Glasretorte mit Regenwasser übergoß. Und das trug sich zu:

»Des Wassers war so viel, daß es wie ein Teig war. Ich legte eine geraume Vorlage an, feuerte gemach an einer Kapelle (Kolben), bis das Wasser überging, hernach aber stärker. Das Wasser war alle(s) herüber und füllte den dritten Teil der Vorlage. Zuletzt kam mit gleichem Feuer, womit ich das Wasser getrieben, das gelbgrüne Öl der Melissen in das Wasser in Menge. Es nahm den Raum der Vorlage ein, schwamm oben auf dem Wasser messerrückendick. Dies Öl hatte die Form unzähliger Melissenblätter, die sich nicht konfundierten (d. h. nicht zusammenflossen), sondern nebeneinander lagen, mit völliger Zeichnung und Determination aller Striche der Melissenblätter, so schön, daß ich alle Linien der Melissenblätter aufs bestimmteste wahrgenommen und meiner Frau lange vorgezeigt. Es sah den Melissenblättern völlig gleich, nur daß es flüssig war und nicht grün, sondern gelb, von einem nicht herben Geschmack. Ich ließ es lange stehen und alle Umstehenden betrachten. Verschiedene haben es gesehen. Und so oft ich das Öl untereinander schüttelte, so restituierten sich die Formen zu tausend wieder in dem Öl. Ich schüttelte zuletzt die Vorlage, weil ich sie ausgießen mußte. Die Blätter kamen durcheinander, aber in der Minute restituierten sie sich in die erste Lage mit der größten

Bestimmtheit. Da sah ich unzählige Melissenblätter in flüssiger Form. Hier hatte ich die Form der Melissen ohne subsistierende Materie.«[29]

Auf den ersten Blick scheint die Feststellung von einer Form »ohne subsistierende Materie« Oetingers am Konkreten orientierter Grundhaltung zu widersprechen. Doch er zieht eine andere Folgerung, wenn er hinzufügt, es gebe demzufolge eine Form »ohne die Stäublein der Erde, welche die Melissen im Wachstum anziehen und welche im caput mortuum (im Vergänglichen) zurückbleiben . . . Ich schließe, daß Gott innigst gegenwärtig sei, aber von dem Irdischen unergriffen, in allen Werkzeugen und Geburten«, – eine Einsicht, zu der vor ihm sein Lehrmeister Böhme längst gelangt war, und zwar ohne ein derartiges Experiment. Oetinger ist davon vollends überzeugt, daß sich der Schöpfergott das »Urbild aller Gestaltungen in alle Arten der Dinge« hineingebe, aber nicht etwa statisch präformiert, sondern »in wirklicher fortwährender Wirkung«.

Es ist keine Frage, daß Oetingers unablässige Spurensuche im Geheimnisbereich des Lebendigen von ihm als ein Auftrag empfunden und realisiert wurde, den er aufs engste mit seiner religiös-theologischen Berufung in Einklang zu bringen wußte. Die Natur ist für den ebenso gelehrten wie frommen Biblizisten nicht weniger »Bibel« als die Heilige Schrift Alten und Neuen Testaments. Und auch darin ist und bleibt Oetinger ein getreuer Schüler des Philosophus teutonicus, der sein Erstlingswerk *Aurora* mit den Worten eröffnet: »So man aber will von Gott reden, was Gott sei, so muß man fleißig erwägen die Kräfte in der Natur, dazu die ganze Schöpfung...« Nicht anders sehen wir Oetinger verfahren. Oder an anderer Stelle in *De signatura rerum* schreibt Böhme: »Die Schöpfung oder ganze Kreation ist anders nichts als eine Offenbarung des allwesenden, ungründlichen Gottes . . .«[30]

Und wie eine Antwort auf Böhmes Naturanschauung muten die Sätze an, in denen sich Oetinger über das Wesen der (geheimen) »Künste und Wissenschaften« äußert, indem er Gottesliebe und Weisheitsstreben zueinander in nahe Beziehung bringt. Diese Weisheit sei ein Licht, dessen Glanz nicht verlösche: »Wenn einer dies Licht sieht leuchten in der ganzen Natur, in allen Kreaturen, auch das Geringste nicht ausgenommen, es sei am Firmament, Sternen, in der Luft, auf Erden, in Bergen und Tälern, in lebendigen Kreaturen, in Wassern, in der Tiefe des Meeres, in allen Metallen, Mineralien . . . und verstehts, der ist ein Magus und seine Kunst heißt Magie.« – Freilich heißt es nun, von der »Magie« aufzusteigen zur heimlichen Weisheit der Kabbala. Sie beide, Magie und Kabbala, werden überhöht durch das, was Oetinger die »wahre Theologie« – genauer: Theosophie – nennt. Entspricht Magie dem natürlichen, Kabbala dem Suchen nach dem übernatürlichen Licht, so deutet die alles krönende Theosophie auf »das Licht Gottes, den Heiligen Geist« hin. In dieses dreifache Licht sieht Friedrich Christoph

Oetinger sein gesamtes Schaffen gerückt. Alles wird Gottesdienst. – So ist es gerechtfertigt, wenn Emil Bock in seinem schönen Oetinger-Porträt zu dem Ergebnis kommt:

»Als einen Gottesdienst empfand er seine Experimente. Seine Sakristei wird zu einem Laboratorium; sein Laboratorium zu einer Sakristei. Die Bibel liegt auf dem Tisch, der Abendmahlskelch steht daneben. Die Retorten, mit denen er hantiert, sind ihm nur andere Abendmahlskelche. Hier wie dort geschehen göttliche Wandlungen.«[31]

DAS GEISTERGESPRÄCH MIT EMANUEL SWEDENBORG

Wer sein ganzes Leben in den Dienst einer so hingebungsvollen Erkenntnissuche gestellt hat, wie wir es bei Oetinger beobachten können, der konnte und durfte nicht an dem großen Geistesverwandten seines Jahrhunderts vorübergehen. Daß es zu einer echten und achtungsvollen geistigen Auseinandersetzung zwischen Oetinger und dem vierzehn Jahre älteren schwedischen Naturforscher und Geisterseher Emanuel Swedenborg (1688–1772) kam, ist keineswegs »natürlich«. Man denke nur an die tragische »Vergegnung«, oft Mißachtung, durch die geistig bedeutende Zeitgenossen voneinander getrennt bleiben.

Swedenborg, Sohn eines lutherischen Bischofs in der schwedischen Staatskirche, war während seiner Studien in Uppsala, England und Frankreich tief in die naturwissenschaftlichen Disziplinen eingedrungen, so daß er darüber die Brücke zur religiösen Tradition seiner Familie abzubrechen bereit war. Dennoch hoffte er, im Zusammenhang seiner wissenschaftlichen Bestrebungen zu einer umfassenden »intelligentia spiritualis« durchzustoßen. Das mißlang. In der Zeit einer persönlichen Krise, während der er schweren inneren Erschütterungen standzuhalten hatte, kam es zu der entscheidenden Berufungsvision im April 1745 in London. Sie gab ihm den Blick in die übersinnliche Welt frei. Diese Vision bildet zugleich den Anfang für Swedenborgs eigentümliche Neuinterpretation und Ergänzung der christlichen Überlieferung.[32]

Während nun ein anderer großer Zeitgenosse, der Philosoph Immanuel Kant, den Schweden als einen »Erzphantasten« abtun und dessen Offenbarungen der geistigen Welt als Erzählungen von »Mondkälbern« lächerlich machen wollte, erkannte Oetinger bald die Bedeutung eines solchen Mannes für den Fortgang des Christentums, zumal in einer Zeit, die Geist auf die rationale Funktion zu reduzieren gesonnen war.

Offen setzt sich Oetinger in Wort und Schrift für Swedenborgs Geist-Erkenntnis ein, was jedoch nicht heißt, daß er den Mitteilungen und Deutungen in jeder Hinsicht folgt. »Hier übergebe ich dem Leser etwas Seltenes zur Prüfung dessen, was Gott für die gegenwärtige Zeit hat lassen kund werden«, beginnt die Vorrede zu *Swedenborgs irdische und himmlische Philosophie* (1765). Es sei nützlich, auch ungewohnte Dinge mit den gewohnten zu vergleichen. Aber es sei auch nötig, solange mit dem endgültigen Urteil zurückzuhalten, solange man noch keinen Überblick gewonnen habe. So ist Oetingers Einstellung zu Swedenborg im vornherein eine kritische, wenngleich aus einer um Unvoreingenommenheit bemühten positiven Grundhaltung heraus. Er vergleicht ihn mit keinem Geringeren als mit dem Dionysios Areopagita, dem wir die Darstellung der himmlischen Hierarchien verdanken.

In einer, dem Stuttgarter Konsistorium zugedachten Rechtfertigungsschrift aus dem Jahre 1767 meint Oetinger:

»Wenn in Swedenborgs Lehre nichts wäre als die zwei Hauptlehren, daß wir erstlich von der Licht- und -finstern Welt immer influiert werden, zweitens daß wir nach dem Tod eine völlige Erinnerung haben werden unserer Werke und unserer Sünden, so sollte man sie gebrauchen, die Gegenmittel aus Christo und Hinwerfung vor den Gnadenthron zu ergreifen.«[33] In derselben Schrift gibt der Prälat von Murrhardt auch Rechenschaft darüber, weshalb er eigentlich über die irdische und himmlische Philosophie geschrieben habe. In seiner Antwort beruft er sich auf jene Stelle aus dem Propheten Jesaja (Kap. 25,7), wonach eine Zeit kommen werde, in der die Decke, mit der alle Völker verhüllt sind, abgetan werden müsse. »Dieselbe Zeit ist zwar noch nicht da, doch nähert sie sich. Diese Decke ist der Mangel der Philosophie der Schrift, deren die Welt-Philosophie entgegenstehet...«[34]

Aus eben diesem Bewußtsein einer bevorstehenden neuen Reformation haben Böhme und Oetingers Landsmann Andreae die Blicke ihrer Zeitgenossen auf die »Morgenröte im Aufgang« gelenkt. So ist auch die Swedenborg-Präsentation und -Interpretation Oetingers vor diesem eschatologischen Erwartungshorizont zu sehen, den er mit seinem inzwischen verstorbenen Freund und Lehrer Albrecht Bengel teilt. Im übrigen sei »diese wirkliche Zeit eine Zeit wie die des Elia«, das heißt, es ist geboten, das bislang Verdeckte an den Tag zu bringen und ins Bewußtsein der Menschen zu heben. So betrachtet – dürfen wir folgern – stellt das Auftreten charismatisch Begabter für die geistig Wachen selbst einen Fingerzeig Gottes dar. Das, was zur Offenbarung drängt, duldet keinen Aufschub. Es verlangt Kundgabe und Verbreitung. Insofern »ist es an der Zeit . . .« – Dem heftigen Einspruch der Kirchenoberen zum Trotz bleibt Oetinger seinem Wahlspruch treu: »Deo servire libertas – Gott dienen ist Freiheit.«

In dieser Freiheit, die Dienst und Gehorsam gegen Gott in sich schließt, wendet sich Oetinger an Swedenborg. Es kommt zu einem aufschlußreichen Briefwechsel, in dem der Schwabe mit dem Schweden ringt; doch nie verfällt er in einen aggressiv-polemischen Ton. Sein Fragen, Bedenken und Fordern ist immer vom Ernst und von der Größe des Themas getragen, das beide Männer vereint. Doch im Verlaufe des mit großer gegenseitiger Achtung durchgeführten Ringens kommt es nicht zu der von Oetinger erhoffen Übereinkunft. Noch ehe die in Aussicht genommene Begegnung zustandekommen kann, stirbt Swedenborg. Oetinger muß sich zu dem schmerzlichen Eingeständnis durchringen, das er einem Freund schreibt, nämlich daß seine und Swedenborgs Arbeit »nicht zusammentaugt«. Doch was ist der Grund? Ganz abgesehen von Unklarheiten oder Widersprüchlichkeiten, die für Oetinger kein Grund waren, die Lehrmitteilungen Swedenborgs generell abzulehnen, bekam der Vorwurf für ihn eine ausschlaggebende Bedeutung, in dem es heißt: Swedenborg »verwandelt die Stadt Gottes (d. h. das himmlische Jerusalem der Johannesoffenbarung) in ein Spiel der Gedanken; er hat keinen Sinn für die himmlischen Realitäten.«[35]

Damit ist freilich für Oetinger der eigentlich neuralgische Punkt berührt. Wem an Realität, an Geistleiblichkeit gelegen ist, der kann sich auf eine bloß allegorische, auf Sinnbilder und theologische Bedeutsamkeiten reduzierte Interpretation nicht verstehen. Damit ist ein Problem berührt, das Theosophen und Theologen – sei es, daß die einen einer spiritualistischen, die anderen einer mehr rationalen Deutung den Vorzug geben – heute wie einst beschäftigt.

Oetingers eigene »emblematische« Theologie, in der das Sinnbild eine so große Rolle spielt, ist durch sein starkes Interesse an Wirklichkeit vor einem Abgleiten in einen weltflüchtigen Spiritualismus gesichert. Während die Londoner Bekehrungsvision das Leben Swedenborgs in das eines durch den Geist der Zeit geprägten Naturforschers und eben des Geistersehers aufspaltet, bleiben für Oetinger Natur und Geisteswelt zu einer Einheit verbunden. Der Magus des Südens hört nicht etwa auf, als er seine theologischen Skrupel einigermaßen gelöst sieht. Im Gegenteil, nun beginnt er, auf der Höhe seines Lebens stehend, um so intensiver in die Bereiche der Alchymie und der Mysterienwissenschaft des Lebens einzudringen. Damit bezeichnet Oetinger die Aufgabe, die heute mehr denn je eine zeitgemäße Erfüllung verlangt, nämlich das naturwissenschaftliche Forschen vom Geist her zu durchdringen und auf der anderen Seite alles geistige und religiöse Bemühen in einen lebendigen Bezug zur Wirklichkeit auf allen Gebieten hineinzustellen. Es geht um keine geringere Aufgabe als um die, von der Hermetiker und Kabbalisten und mit ihnen Friedrich Christoph Oetinger immer wußten: das Untere und das Obere miteinander zu verbinden.

OETINGERS WIRKUNG

Welche Wirkung ist von einem Theosophen, Alchymisten und Kabbalisten oder – wie Emanuel Hirsch ihn beinahe geringschätzig tituliert – von einem »frommen Außenseiter« zu erwarten?

Friedrich Christoph Oetingers umfangreiches Schrifttum ist, wenngleich es von einem volksnahen Prediger und Lehrer der Kirche stammt, zu keinem Zeitpunkt ein eingängiger Lesestoff für die Vielen gewesen. Der Prediger von Weinsberg und der volkstümlich-fromme Bibelausleger, als den ihn heute noch namentlich württembergische Gemeinschaftskreise schätzen, war und ist doch in mehrfacher Hinsicht ein Esoteriker. Heutige Leser empfinden die Schwierigkeit seiner Diktion und Gedankenführung besonders intensiv, ganz zu schweigen von den unzähligen, oft verdeckten Anspielungen und Zitaten, die der universal Gebildete seinen Texten einzuverleiben wußte.

Dennoch ist dem Magus des Südens eine wichtige, gar nicht hoch genug einzuschätzende Schlüsselstellung in der deutschen Geistesgeschichte einzuräumen. Das trifft für den theologischen Bereich in einem mindestens ebenso starken Maße wie für das allgemeine geistige Leben, für Philosophie und Naturphilosophie des deutschen Idealismus des 19. Jahrhunderts und der Romantik zu. Dafür war Oetinger durch die eigentümliche Art seines Denkens, Betrachtens, Forschens und Deutens prädestiniert, wenn wir bedenken, daß er in einem geschichtlichen Augenblick den Plan betritt, in dem einerseits die Philosophie der Aufklärung (Leibniz, Wolff) in Blüte steht, andererseits die moderne Naturwissenschaft im Begriffe ist, die Welt zu erobern, und zwar beide Male mit ähnlichen Methoden und von einem verwandten Wirklichkeitsverständnis aus. Es ist die vermeßbare empirische Welt, die durch Analyse und Experiment erfaßbare Außenseite der Wirklichkeit, für die der Mensch der Neuzeit erwacht ist. Und wenn Jakob Böhme in einem anderen Zusammenhang einmal die Feststellung trifft: Der Mensch erwachte in der irdischen Welt und schlief für die spirituelle, himmlische Welt ein, so entspricht diese Feststellung auch dem Gang des Bewußtseinsprozesses, der an der Schwelle zur Neuzeit abläuft.

Vor diesem Hintergrund wird auch Oetingers Stellung deutlich. Denn während die neuere Philosophie und die heraufkommende Naturwissenschaft das Naturgeschehen auf mathematische Gesetzmäßigkeiten zurückzuführen suchen, vertritt Oetinger eine an Qualitäten orientierte Erkenntnisart. Sein Erkenntnisorgan ist nicht die wägende, messende, zählende Ratio, sondern die Intuition. Er selbst nennt ihn den »Sensus communis«, »welcher sich der Dinge von innen her bemächtigt, sie aus dem Zentrum ihres Wesens heraus erschaut ... (Diese Erkenntnis) faßt das sich auseinander Erzeugen und Gebären der Dinge, sieht die Dinge also in ihrem Werdezustand.«[36]

Damit befinden wir uns erneut auf dem Erkenntnisfeld Jakob Böhmes und der ihm Geistesverwandten. Und nun ist es aufschlußreich, wie sich Oetinger in Übereinstimmung mit dem Görlitzer Meister für die intuitive Ganzheitsschau entschieden hat. Während ein anderer von Böhme angeregter Forscher, Isaak Newton, den Weg betritt, der stärker die naturwissenschaftliche Richtung einschlägt, wendet Oetinger die traditionelle, spirituelle Forschungsart konsequent an. Zu welch unterschiedlichen Resultaten man bei Anwendung der beiden Sichtweisen gelangt, kann man am Beispiel der Farbenlehre sehen, wie sie auf der einen Seite die Newtonsche, auf der anderen die Goethes repräsentieren. Daß beide Erkenntniswege je ihre Berechtigung haben können, beginnt man heute da und dort einzusehen, wenn Carl Friedrich von Weizsäcker gesteht:

»Wir heutigen Physiker sind in unserem Fach Schüler Newtons und nicht Goethes. Aber wir wissen, daß diese Wissenschaft nicht absolute Wahrheit, sondern ein bestimmtes methodisches Verfahren ist. Wir sind genötigt, über Gefahr und Grenzen dieses Verfahrens nachzudenken ...«[37]

Was nun Goethe betrifft, so waren ihm wichtige Schriften Oetingers gut bekannt.[38] Erwähnt sei vor allem die Eigenart seiner Naturanschauung, das heißt die von Goethe gepflegte Übung der »anschauenden Urteilskraft«, wodurch er zur »sinnlich-sittlichen« Qualität der Farben, zum sinnlich-übersinnlich geschauten Typus der Urpflanze und zum Metamorphose-Gedanken durchstößt. Rudolf Steiner, der sich als Kommentator der naturwissenschaftlichen Werke Goethes schon in jungen Jahren einen Namen als Goethe-Forscher gemacht hat, resümiert in diesem Zusammenhang: »Ein Organismus kann nur im *intuitiven* Begriffe erfaßt werden ...«[39]

Noch viel unmittelbarer aber ist Oetingers Einfluß auf die schwäbische Geisteswelt, auf Hegel und Schelling. Beide Denker, die übrigens gemeinsam mit Hölderlin Absolventen des Tübinger Stifts waren, konnten sich in der geistigen Atmosphäre der »Schwabenväter« heranbilden. Ein schönes Zeugnis für die Strahlkraft Oetingerschen Denkens liefert bereits die Vorrede zu Hegels *Phänomenologie des Geistes,* wo es heißt: »Das Wahre ist das Ganze. Das Ganze aber ist nur das durch seine Entwicklung sich vollendende Wesen.« Und Geschichte ist dann »das wissende, sich vermittelnde Werden – der an die Zeit entäußerte Geist«. In dieser Entäußerung stelle der Geist sein Werden zum Geist in der Form des »freien zufälligen Geschehens« dar. Ernst Benz, der im besondern auch die theologischen Geistesahnen anhand von Belegen ermittelt hat, macht darauf aufmerksam, daß der eschatologische, auf Vollendung und Ziel der Geschichte gerichtete Grundzug des idealistischen Denkens einer neuen Stufe des Geschichtsbewußtseins entspreche, die der Zeit der Aufklärung noch ganz fremd war. »Diese neue Stufe ist in Deutschland erreicht worden in einem erst heute wieder verständlichen Aufflammen eines echten christlichen evangelischen Endzeitbewußtseins, wie dies im Gesamtbereich des deutschen Pietismus, vor allem aber bei den schwäbischen Pietisten, bei Bengel und Oetinger der Fall war.«[40]

Schwerlich lassen sich Oetingers mittelbare und unmittelbare Auswirkungen auf die Mit- und Nachwelt in allen ihren Verästelungen verfolgen. Die große Reichweite steht jedoch außer Zweifel. Dazu gehören rosenkreuzerische Kreise in den Niederlanden ebenso wie württembergische Pietisten und Biblizisten, unter ihnen Tobias Beck und der als Laienprediger und Seelsorger von großer charismatischer Strahlkraft tätige Michael Hahn (1758–1819). Und wenn der um das Glaubensvermächtnis der großen Schwaben bemühte evangelische Theologe Adolf Köberle einmal bemerkte: »Die ganze Anthroposophie und ›Christengemeinschaft‹ hätte unserer Kirche erspart bleiben können, wenn die christliche Theologie die Kraft und Bereitschaft aufgebracht hätte, in diesen Bahnen Oetingers produktiv weiter vorwärtszuschreiten«[41], – so entbehrt dieses Votum des ehemaligen Tübinger Systematikers nicht eines hinweisenden Charakters. Denn gerade weil sich der Protestantismus seit langem von seinen spirituellen Traditionen loszusagen begann, indem er die bedeutenden Repräsentanten der Mystik, der Theosophie und eines spirituell ausgerichteten Universalismus mißachtete oder verketzerte, konnte in der Anthroposophie vieles von dem aufgenommen und vor allem fortgeführt werden, was Oetinger in der Nachfolge Jakob Böhmes zur Geltung bringen wollte.

Zwar gibt es keinen Weg zurück, auch nicht zu dem, was in früheren Jahrhunderten in der Art der christlichen Theosophen und Alchymisten erstrebt wurde. Es ist der Bewußtseinsfortschritt, der nicht ignoriert werden darf. Und doch kann gerade ein Mann wie Rudolf

Steiner, der mit allem Nachdruck auf die Unumkehrbarkeit bewußtseinsgeschichtlicher Prozesse aufmerksam gemacht hat, sagen: »Es ist von ungeheuer großer Bedeutung, sich jene Sprache anzueignen, die eigentlich heute nicht mehr gesprochen wird, die aber noch nicht zu Ende gesprochen ist bei Saint-Martin, bei Oetinger oder in älteren Zeiten bei Paracelsus, bei Jakob Böhme . . . Aber wenn man diese Begriffe so aufnimmt, wie sie Paracelsus, wie sie Jakob Böhme hatte, namentlich so, wie sie – ich möchte sagen: in einer gewissen Überfruchtigkeit – Saint-Martin, Bengel, Oetinger hatten, dann merkt man, wie hierdurch eine Brücke geschlagen wird zwischen dieser Welt und der anderen Welt.«[42]

Ein solcher geistiger Brückenschlag, der wohl niemals schwieriger, niemals folgenreicher war als heute, könnte zu der Einsicht führen, durch die uns die spirituellen Naturphilosophen von einst voraus waren, nämlich daß es ihn gibt, den »Unus mundus«, die eine Weltwirklichkeit. Und eine solche Einsicht müßte sehr konkrete Konsequenzen haben für unser Denken und Leben, für unsere Weltbetrachtung und für die heute verantwortbare Weltgestaltung.

ANMERKUNGEN

[1] Gerhard Wehr: *Rosenkreuzerisches Christentum Zeugnisse christlicher Esoterik,* Band 4). Freiburg 1979.

[2] Martin Schmidt: *Pietismus.* Stuttgart 1972, S. 113.

[3] Emanuel Hirsch: *Geschichte der neueren evangelischen Theologie.* Band IV. Gütersloh 1952, S. 166 ff.

[4] Emil Bock: *Boten des Geistes. Schwäbische Geistesgeschichte und christliche Zukunft.* Stuttgart 1955, S. 53.

[5] Carl August Auberlen: *Die Theosophie Friedrich Christoph Oetingers nach ihren Grundzügen. Ein Beitrag zur Dogmengeschichte und zur Geschichte der Philosophie.* Tübingen 1847; Vorrede.

[6] Dieses und die folgenden autobiographischen Zitate erfolgen — sofern nicht anders vermerkt — nach F. C. Oetinger: *Selbstbiographie* (ursprünglicher Titel: *Genealogie der reellen Gedanken eines Gottesgelehrten),* hrsg. von J. Roessle, Metzingen 1961.

[7] Sal, Sulphur, Mercurius sind Grundbegriffe der Alchymie, die nicht einfach mit den chemischen Stoffen Salz, Schwefel, Quecksilber identifiziert werden dürfen. Es handelt sich vielmehr um Qualitäten, die die Dreigestalt der Materie gemäß ihrer Struktur und Dynamik symbolisieren.

[8] Ernst Benz: *Schöpfungsglaube und Endzeiterwartung.* München 1965, S. 184.

[9] F. C. Oetinger: *Swedenborgs irdische und himmlische Philosophie*, hgg. von Karl C. Eberhard Ehmann. Stuttgart 1858. — Reprint hgg. von Erich Beyreuther. Stuttgart 1977, S. 233.

[10] *F. C. Oetinger: Leben und Briefe als urkundlicher Kommentar zu dessen Schriften*, hgg. von Karl Chr. Eberhard Ehmann. Stuttgart 1859, S. 38.

[11] F. C. Oetinger, op. zit., S. 42.

[12] Ernst Benz: *Swedenborg in Deutschland. F. C. Oetinger und Immanuel Kants Auseinandersetzung mit der Person und Lehre Emanuel Swedenborgs*. Frankfurt/Main 1947, S. 60 f.

[13] Reinhard Breymayer: *„Der Magus des Südens: Friedrich Christoph Oetinger"*, in: *Nachrichten der Evangelisch-Lutherischen Kirche in Bayern*. 32. Jahrg. 1977, Nr. 9, S. 170.

[14] *F. C. Oetinger: Leben und Briefe*, op. cit., S. 51.

[15] Ernst Benz: *Die christliche Kabbala. Ein Stiefkind der Theologie*, Zürich 1958; dort weitere Literatur zur christlichen Kabbala, S. 57. — Neuerdings Gershom Scholem: *Kabbalah*. Jerusalem 1974, besonders S. 198 ff.

[16] Reinhard Breymayer: »Friedrich Christoph Oetingers Theologia Emblematica . . .«, in: F. C. Oetinger: *Die Lehrtafel der Prinzessin Antonia*, Band I, Berlin 1977, 3 f.

[17] *F. C. Oetinger: Leben und Briefe*, op. cit., S. 91.

[18] Ibid., S. 183.

[19] Ibid., S. 184.

[20] Zitiert bei Erich Beyreuther in: F. C. Oetinger: *Swedenborgs irdische und himmlische Philosophie*, Stuttgart 1977, S. XLIV.

[21] Wilhelm Albert Hauck: *Das Geheimnis des Le-*

bens. Naturanschauung und Gotesauffassung F. C. Oetingers. Heidelberg 1947, S. 23.

[22] *F. C. Oetinger: Leben und Briefe,* op. zit., S. 198.

[23] Op. zit., S. 198 ff.

[24] Op. zit., S. 565.

[25] Robert Schneider: *Schellings und Hegels schwäbische Geistesahnen,* Würzburg 1938, S. 72.

[26] F. C. Oetinger zitiert bei W. A. Hauck: *Das Geheimnis des Lebens,* op. zit., S. 53.

[27] Hier sei generell auf Rudolf Steiners Arbeiten zur Goetheforschung, Goethes naturwissenschaftliche Schriften, Goethes Weltanschauung, Grundlinien einer Erkenntnistheorie der Goetheschen Weltanschauung verwiesen.
Vgl. auch das Kapitel »Naturwissenschaft als Ausgangspunkt und das Beispiel Goethes«, in: Gerhard Wehr: *C. G. Jung und Rudolf Steiner.* Stuttgart 1972, S. 96—114.

[28] *F. C. Oetinger: Leben und Briefe,* op. zit., S. 595.

[29] Op. cit., S. 189.

[30] Op. cit., S. 195. — Weitere Belege für Böhmes Kosmosophie in: Gerhard Wehr: *Jakob Böhme. Geistige Schau und Christuserkenntnis.* Schaffhausen 1976 — Freiburg 1979.

[31] Emil Bock: *Boten des Geistes. Schwäbische Geistesgeschichte und christliche Zukunft,* Stuttgart 1955, 49.

[32] Ernst Benz: *Swedenborg, Naturforscher und Seher.* München 1948; 2. überarbeitete Aufl. Zürich 1969.

[33] F. C. Oetingers »Rechtfertigungsschrift 1767«, in: F. C. Oetinger: *Swedenborgs irdische und himmlische Philosophie,* op. cit., LVII.

[34] F. C. Oetinger op cit. LX.

[35] Zitiert nach Erich Beyreuther in: F. C. Oetinger: *Swedenborgs irdische und himmlische Philosophie*, op. cit. XLII.
Vgl. Adolf Köberle *Das Glaubensvermächtnis der Schwäbischen Väter*. Hamburg 1959, 16.

[36] Emanuel Hirsch: *Geschichte der neuern evangelischen Theologie*, Band IV, 168.

[37] Carl Friedrich von Weizsäcker: *Die Tragweite der Wissenschaft*, Band I, Stuttgart 1964, 223.

[38] Belege bei Reinhard Breymayer (in: F. C. Oetinger: *Die Lehrtafel der Prinzessin Antonia*, Band I) und Rolf Christian Zimmermann: *Das Weltbild des jungen Goethe. Studien zur hermetischen Tradition des deutschen 18. Jahrhunderts*. München 1969.

[39] Rudolf Steiner in: *Goethes Naturwissenschaftliche Schriften*, hrg. von Rudolf Steiner, Band I, Berlin 1883; Dornach 1975, LIX.

[40] Ernst Benz: *Schelling. Werden und Wirken seines Denkens*. Zürich 1955, 32; ferner derselbe: *Schellings schwäbische Geistesahnen*, Mainz 1955; derselbe: *Schöpfungsglaube und Endzeitbewußtsein*. München 1965.

[41] Adolf Körberle: *Das Glaubensvermächtnis der Schwäbischen Väter*, op. cit. 20.

[42] Rudolf Steiner im Vortrag vom 20. 3. 1917, in: *Bausteine zu einer Erkenntnis des Mysteriums von Golgatha*. Dornach 1961, 152 f.

LITERATURHINWEISE

I. Werke F. C. Oetingers

A. Historisch-kritische Ausgabe, hrg. von Gerhard Schäfer und Martin Schmidt. Berlin 1977 ff.
1. Teil: *Die Lehrtafel der Prinzessin Antonia,* Bd. I/II. hrg. von Reinhard Breymayer und Friedrich Häußermann. Berlin 1977.
2. Teil: *Theologia ex idea vitae deducta,* hrg. von Konrad Ohly (angekündigt).
3. Teil: *Biblisch-Emblematisches Wörterbuch,* hrg. vor Ursula Hardmeier (angekündigt).
4. Teil: *Inquisitio in sensum communem,* hrg. von Konrad Ohly (angekündigt).

B. *Sämtliche Schriften,* gesammelt und herausgegeben von Karl Chr. Eberhard Ehmann (Stuttgart 1858 ff), eingeleitet und neu herausgegeben von Erich Beyreuther. Stuttgart 1977 ff.
Swedenborgs irdische und himmlische Philosophie. Stuttgart 1977.
Die Psalmen Davids. Stuttgart 1977.
Wahrheit des Sensus communis (angekündigt.
Ordnung der Wiedergeburt (angekündigt).
Weitere Bände der Ehmannschen Ausgabe sollen folgen.

C. Auswahlbände, hrg. und bearbeitet durch Julius Rössle. Metzingen 1961 ff.
Selbstbiographie. Genealogie der reellen Gedanken eines Gottesgelehrten. Metzingen 1961.

Die Weisheit auf der Gasse. Aus den theologischen Schriften. Metzingen 1962.
Heilige Philosophie. Ausgewählte Gedanken zum Verständnis der Schrift. Metzingen 1965.

II. Sekundärliteratur (in Auswahl)

Carl August Auberlen: *Die Theosophie Friedrich Christoph Oetingers nach ihren Grundzügen.* Tübingen 1847.

Ernst Benz: *Swedenborg in Deutschland. F. C. Oetingers und Immanuel Kants Auseinandersetzung mit der Person und Lehre Emanuel Swedenborgs.* Frankfurt 1947.

Ernst Benz: *Schelling. Werden und Wirken seines Denkens.* Zürich 1955.

Ernst Benz: *Schellings theologische Geistesahnen.* (Abhandlungen der geistes- und sozialwissenschaftlichen Klasse der Akademie der Wissenschaften und der Literatur), Mainz 1955.

Ernst Benz: *Die christliche Kabbala. Ein Stiefkind der Theologie.* Zürich 1958.

Ernst Benz: *Theologie der Elektrizität. Zur Begegnung und Auseinandersetzung von Theologie und Naturwissenschaft im 17. und 18. Jahrhundert* (Akademie der Wissenschaften und der Literatur). Mainz 1970.

Emil Bock: *Vorboten des Geistes. Schwäbische Geistesgeschichte und christliche Zukunft.* Stuttgart 1929; 1937; 1955.

Reinhard Breymayer: *»Friedrich Christoph Oetingers Theologia Emblematica und die Lehrtafel der Prinzessin Antonia von Württemberg«,* in:

F. C. Oetinger: *Die Lehrtafel der Prinzessin Antonia.* Berlin 1977, 1—30.

Reinhard Breymayer: »Der Magus des Südens: Friedrich Christoph Oetinger«, in: *Nachrichten der Evang.-Luth. Kirche in Bayern.* 32. Jahrg. 1977, Nr. 9, S. 168 ff.

Karl Chr. Eberhard Ehmann: *F. C. Oetingers Leben und Briefe als urkundlicher Kommentar zu dessen Schriften.* Stuttgart 1859.

Antoine Faivre und Rolf Christian Zimmermann (Hrg.): *Epochen der Naturmystik.* Berlin 1978.

Karl R. H. Frick: *Die Erleuchteten. Gnostisch-theosophische und alchemistisch-rosenkreuzerische Geheimgesellschaften bis zum Ende des 18. Jahrhunderts.* Graz 1973.

Friedrich Häussermann: »Pictura Docens. Ein Vorspiel zu F. C. Oetingers Lehrtafel der Prinzessin Antonia von Württemberg«, in: *Blätter für württembergische Kirchengeschichte 66/67* (1966/67), S. 65—153.

Friedrich Häussermann: *»Theologia Emblematica. Kabbalitische und alchemistische Symbolik bei F. C. Oetinger und deren Analogien bei Jakob Böhme«*, in: *Blätter für württembergische Kirchengeschichte 68/69* (1968/69), S. 207—346; ebenda 72 (1972), S. 71—112.

Wilhelm Albert Hauck: *Das Geheimnis des Lebens. Naturanschauung und Gottesauffassung F. C. Oetingers.* Heidelberg 1947.

Heinrich Hermelink: *Geschichte der evangelischen Kirche in Württemberg von der Reformation bis zur Gegenwart.* Stuttgart 1949.

Otto Herpel: F. C. Oetinger. *Die heilige Philosophie.* München 1923.

Emanuel Hirsch: »Die frommen Außenseiter«, in: *Geschichte der neuern evangelischen Theologie*, Band IV. Gütersloh 1952, 167—174.

Adolf Köberle: *Das Glaubensvermächtnis der Schwäbischen Väter. Akademische Gedenkreden.* Hamburg 1959.

Gottfried Mälzer: *Die Werke der württembergischen Pietisten des 17. und 18. Jahrhunderts. Verzeichnis der bis 1968 erschienenen Literatur. Bibliographie zur Geschichte des Pietismus.* Berlin 1972.

Walter Nigg: *Heimliche Weisheit. Mystisches Leben in der evangelischen Christenheit.* Zürich 1959.

Lydia Präger: »Die Auslegungsprinzipien F. C. Oetingers nach seinen Predigten, in: *Die Leibhaftigkeit des Wortes* (Festschrift f. A. Köberle) hrg. von Otto Michel und Ulrich Mann. Hamburg 1958, 106—120.

Martin Schmidt und Wilhelm Jannasch (Hrg.): *Das Zeitalter des Pietismus (Klassiker des Protestantismus Band VI).* Bremen 1965.

Martin Schmidt: *Pietismus.* Stuttgart 1972.

Robert Schneider: *Schellings und Hegels schwäbische Geistesahnen.* Würzburg 1938.

Wilhelm August Schulze: »F. C. Oetinger und die Kabbala«, in: *Judaica 4.* 1948, 268 ff.

Willy Schulze: »Leiblichkeit ist das Ende der Werke Gottes«, in: *Zeitschrift für Religions- und Geistesgeschichte,* VII, 1955, 142—154.

Joachim Trautwein: *Die Theosophie Michael Hahns und ihre Quellen.* Stuttgart 1966.

Gerhard Wehr: *Esoterisches Christentum. Aspekte, Impulse, Konsequenzen.* Stuttgart 1975.

Gerhard Wehr: *Veränderung beginnt innen. Gestalten und Dimensionen christlicher Spiritualität.* Stuttgart 1977.
Christian Rolf Zimmermann: *Das Weltbild des jungen Goethe.* München 1969.
Elisabeth Zinn: *Friedrich Christoph Oetingers Theologie.* 1935.

INHALT

FERMENTA COGNITIONIS

Nichts weniger als »fermenta cognitionis« – Antriebskräfte für den individuellen Erkenntnisprozeß – möchte diese neue Kleinbuchreihe vermitteln, die Gerhard Wehr betreut. Es ist eine anregende, das eigene Denken und spirituelle Forschen inspirierende und voranbringende Fermentwirkung beabsichtigt. Deshalb stehen Gestalten und Strömungen des geistigen Lebens in Geschichte und Gegenwart jeweils im Mittelpunkt. Die in zwangloser Folge erscheinenden Bände wollen wesentliche Elemente christlicher Spiritualität vermitteln.

Prof. Dr. theol. Ulrich Mann über den Verfasser: »Gerhard Wehr ist ein Phänomen: Mit umfassender Gestaltungskraft bewältigt er Stoffmassen, von denen mancher Zünftige zurückscheut. Mit bewundernswertem Urteil vermag er den religiösen, insbesondere christlichen Stoff zu durchschauen, zu sichten, zu klären und zu werten, und nicht zuletzt ihn auszumünzen für unsere Zeit. Er hat das esoterische Christentum in hervorragender Weise gewürdigt ...«

AURUM VERLAG · FREIBURG IM BREISGAU

FERMENTA COGNITIONIS
von Gerhard Wehr

DER
ANTHROPOSOPHISCHE
ERKENNTNISWEG

Eine aus intimer Kenntnis geschriebene Einführung in die anthroposophische Erkenntnismethode mit zahlreichen praktischen Übungsvorschlägen.

RUDOLF STEINER
ALS
CHRISTLICHER ESOTERIKER

»Der Christus wird noch in vielen Formen an die Menschheit herantreten . . . Das Christentum steht nicht am Ende, sondern am Anfang seiner Wirksamkeit.« (Rudolf Steiner)

Unbeeinflußt von allen Kontroversen der Gegner und Anhänger der Anthroposophie zeichnet Gerhard Wehr ein Bild ihres Gründers, das überraschende Einsichten und Aufschlüsse vermittelt.

FRIEDRICH CHRISTOPH OETINGER

Die Wiederentdeckung eines Mannes, der im Zeichen einer am Materialismus erkrankten Welt überraschend aktuell ist. Die faszinierende Einführung in Leben und Werk des »Magnus des Südens«: Theosoph, Alchymist, Kabbalist — Friedrich Christoph Oetinger.

AURUM VERLAG · FREIBURG IM BREISGAU

Weitere Bücher aus dem Aurum Verlag

Gerhard Wehr

DER CHASSIDISMUS

— Mysterium und spirituelle Lebenspraxis —

124 Seiten, kart. cell.

Im Zeichen des 100. Geburtstages Martin Bubers am 8. Februar 1978, des Dichters und Deuters der Chassidim, erscheint dieser kleine, jedoch informationsreiche Band als Beitrag, der das einmalige Phänomen der spirituellen Erneuerung im Chassidismus aufzuhellen weiß. Gleichzeitig zeigt Gerhard Wehr, inwieweit die schöpfungsbejahende Frömmigkeit der Chassidim ein Mysterium birgt, das in unsere alltägliche Lebenspraxis hineinwirkt. Es eröffnet sich uns ein Weg, auf dem wir die verlorengegangene Fülle der Wirklichkeit wiedergewinnen können.

»Jeder Mensch bestimmt mit all seinem Sein und Tun das Schicksal der Welt in einem ihm und allen unkenntlichen Maße. Um ihn, um den vollkommenen Menschen, um den wahrhaften Helfer ist es der Welt zu tun; ihm harrt sie entgegen, harrt sie immer wieder entgegen.« (Martin Buber)

Nicht Askese und Weltverneinung, sondern eine Frömmigkeit begeisterter Weltbejahung in der Hingabe an Gott zeichnet Mystik und Ethos der Chassidim aus.

AURUM VERLAG · FREIBURG IM BREISGAU

Weitere Bücher aus dem Aurum Verlag

Jakob Böhme
CHRISTOSOPHIA
– Ein christlicher Einweihungsweg –
Herausgegeben und erläutert von Gerhard Wehr
2. Auflage, 220 Seiten, kart. cell.

Jakob Böhme gehört in die Schar der großen Erleuchteten, die eine tiefe Schau in den Geheimniszusammenhang von Gott, Welt und Menschheit erfahren haben. Böhme, Meister der christlichen Esoterik, weist einen Weg, der zu einer inneren Begegnung mit Christus führt und zu einer Bewußtseinserweiterung anleitet.

Jakob Böhme
AURORA
oder
MORGENRÖTE IM AUFGANG
Herausgegeben und erläutert von Gerhard Wehr
412 Seiten, kart. cell.

Dieses Erstlingswerk Jakob Böhmes ist nichts weniger als der Versuch, ein System für den Kosmos und die in ihm waltenden göttlichen Kräfte zu entwerfen. Als wesentliches Zeugnis ursprünglicher geistig-religiöser Erfahrung wendet sich dieses Werk an solche Leser, die nach einem neuen Zugang zur christlichen Spiritualität und Mystik fragen, um sich neue Dimensionen universaler Wirklichkeitserkenntnis zu erschließen.

AURUM VERLAG · FREIBURG IM BREISGAU

